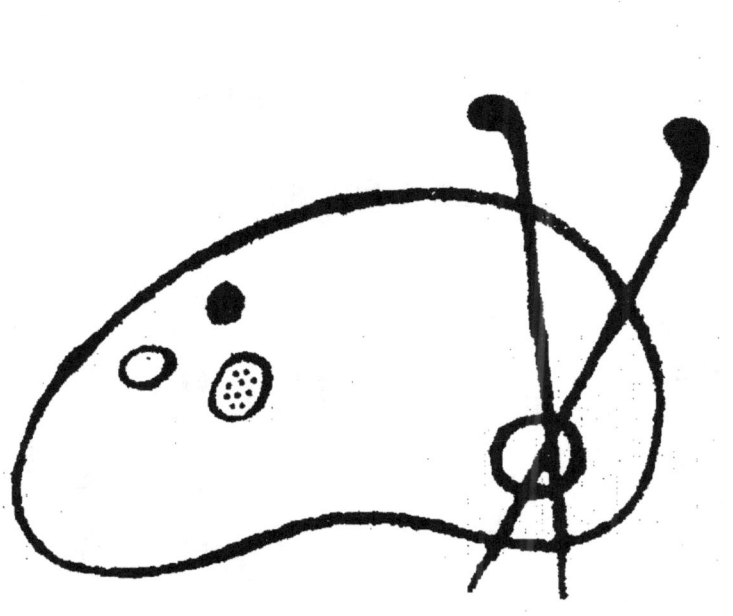

Début d'une série de documents en couleur

MONOGRAPHIE

DE L'ÉGLISE

DE

VILLERS-SAINT-PAUL

PAR

EUGÈNE LEFÈVRE-PONTALIS

BIBLIOTHÉCAIRE DU COMITÉ DES TRAVAUX HISTORIQUES
ET SCIENTIFIQUES

IMPRIMERIE D. PÈRE, BEAUVAIS

1886

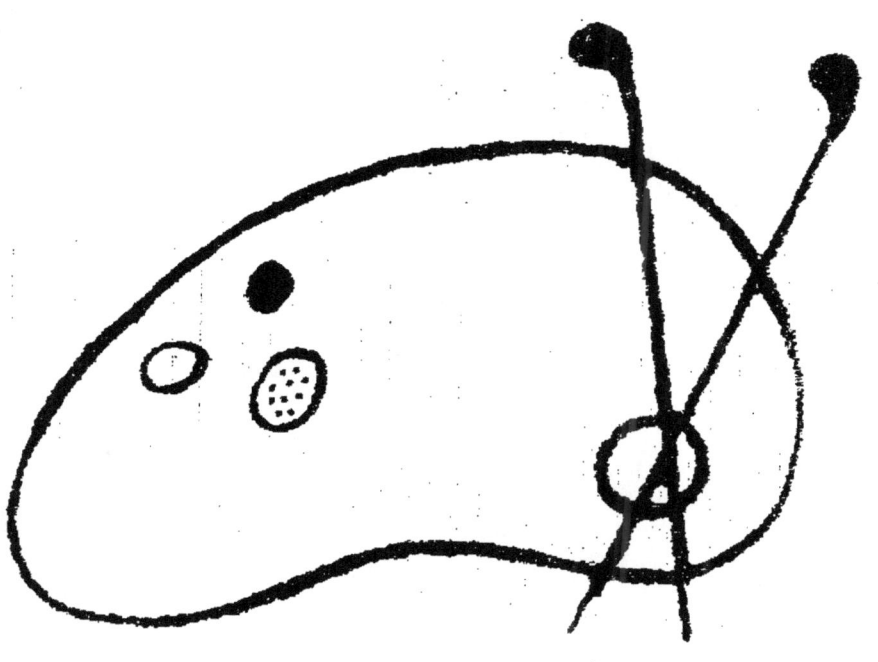

Fin d'une série de documents en couleur

MONOGRAPHIE

DE

L'ÉGLISE DE VILLERS-SAINT-PAUL

Église de Villers St Paul

I

MONOGRAPHIE

DE L'ÉGLISE

DE

VILLERS-SAINT-PAUL

PAR

EUGÈNE LEFÈVRE-PONTALIS

BIBLIOTHÉCAIRE DU COMITÉ DES TRAVAUX HISTORIQUES
ET SCIENTIFIQUES.

BEAUVAIS

IMPRIMERIE D. PÈRE, RUE SAINT-JEAN.

1886.

MONOGRAPHIE

DE

L'ÉGLISE DE VILLERS-SAINT-PAUL.

L'église de Villers-Saint-Paul (1), située à une faible distance de Creil, est un édifice bien connu des archéologues ; mais en lui consacrant deux notices sommaires, M. Graves (2) et M. Eugène Woillez (3) n'ont pas suffisamment fait ressortir l'intérêt qu'elle présente. Comme elle n'a jamais été l'objet d'une description méthodique et détaillée, nous avons cru devoir lui consacrer une nouvelle étude pour faire connaître ses curieuses dispositions et déterminer la date de ses diverses parties. Cette église, dont la cure était anciennement placée sous le patronage de l'abbaye de Fécamp, ne se trouve mentionnée dans aucun texte antérieur au XIIIe siècle ; néanmoins ses caractères archéologiques permettent d'en faire remonter la fondation jusqu'au premier quart du XIIe siècle. Son plan comprend une nef accom-

---

(1) Oise, arr. de Senlis, cant. de Creil.
(2) *Stat. du canton de Creil. Annuaire de l'Oise*, année 1828, p. 292.
(3) *Archéologie des monuments religieux de l'ancien Beauvaisis, pendant la métamorphose romane.*

pagnée de deux bas-côtés, un transept dont les croisillons sont flanqués de deux chapelles carrées et un chœur à chevet plat. Deux portails, situés l'un sur la façade, l'autre dans le croisillon du nord, donnent accès dans l'intérieur de l'église; un portail latéral, aujourd'hui bouché, se trouve percé dans le mur qui termine le bas-côté méridional. Le clocher s'élève à côté du chœur, et l'emplacement qu'il occupe mérite d'être signalé, car au XIIIe siècle, époque où il fut construit, les architectes de la région avaient coutume de placer les clochers au-dessus du carré du transept. L'église de Villers-Saint-Paul a subi, au XIIIe siècle, la même transformation que celles de Bury et de Nogent-les-Vierges, dont le chevet a été également reconstruit à cette époque. Dans son état primitif, son plan devait comprendre une nef, deux bas-côtés, un transept assez étroit et un chœur en hémicycle. Ainsi restitué, il offrait la plus grande ressemblance avec celui des églises de Béthizy-Saint-Pierre, de Choisy-au-Bac, d'Élincourt-Sainte-Marguerite (Oise), de Fontenoy, de Dhuizel et de Laffaux (Aisne).

La nef, recouverte d'une simple charpente et d'un plafond moderne, n'a jamais été voûtée. Elle renferme six travées dont les grands arcs en tiers-point, formés d'un double rang de claveaux, s'appuient sur des piliers cantonnés de deux colonnes. Ces colonnes, qui reçoivent la retombée des arcades, sont couronnées par des chapiteaux garnis d'entrelacs, de feuilles et de fruits d'aroïdes, de volutes, de têtes grimaçantes et de quelques figures mutilées, au milieu desquelles on aperçoit un serpent. La décoration des chapiteaux est très curieuse à étudier, car elle dénote un art très primitif, qui se rapproche encore beaucoup de celui du XIe siècle. Les tailloirs des colonnes se composent d'un chanfrein en biseau, surmonté d'un méplat; quelques-uns d'entre eux sont ornés de losanges, de tresses entrelacées, de feuilles de lierre et de trous triangulaires. On distingue autour des bases deux tores séparés par une gorge et reliés au socle par des petites griffes. La face de chacune des piles est complètement plate du côté de la nef et des collatéraux; néanmoins la pile qui sépare la troisième travée de la quatrième est formée d'un massif cantonné de quatre colonnes engagées. Les colonnes adossées au mur de la nef par suite de cette disposition étaient destinées à soutenir un grand arc en plein-cintre, qui n'existe plus aujourd'hui; elles ont conservé des chapiteaux analogues à ceux des travées de la nef. Ce doubleau isolé, placé dans l'axe de la nef, doit avoir été appareillé en vue d'empêcher l'écartement des murs; pour arriver à ce résultat, l'architecte avait eu soin de le contrebuter par deux arcs analogues qui traversent les bas-côtés et par des contreforts extérieurs. La partie supérieure de la nef est éclairée au moyen de douze fenêtres en plein-cintre qui s'ouvrent au-dessus de la clef des arcades; elles sont presque entièrement enfouies sous la toiture des bas-côtés, qui a été surélevée à l'époque moderne, et la pente de leur glacis est très accentuée. On remarque, du côté de la façade, une porte en plein-cintre et deux fenêtres en tiers-point, accompagnées d'un oculus.

Les bas-côtés étaient surmontés dans l'origine d'une charpente apparente; la voûte en berceau brisé qui les recouvre aujourd'hui n'est certainement pas ancienne. Chacune des nefs latérales, éclairée par un oculus et par trois fenêtres cintrées, renferme un arc en plein-cintre, qui repose sur deux colonnes engagées, et communique avec les croisillons par une arcade en tiers-point du XIIIe siècle, soutenue par deux colonnes. On distingue sur le mur extérieur une série de larges arcatures en plein-cintre qui encadrent des bancs de pierre destinés aux fidèles.

A quelle époque faut-il attribuer la nef et les bas-côtés de l'église de Villers-Saint-Paul? C'est un point intéressant à discuter, parce que plusieurs archéologues ont émis sur cette partie du monument des opinions contradictoires. Les uns, comme M. Quicherat, ont voulu faire remonter la nef au XIe siècle (1); les autres, comme M. Woillez, ont pensé qu'elle était contemporaine de la fin du XIIe siècle (2). Ce qui avait sans doute frappé M. Quicherat, dans le vaisseau central de l'église, c'est le caractère de la sculpture des chapiteaux, qui semble porter l'empreinte d'une époque très reculée. M. Woillez, au contraire, avait attaché plus d'importance à la forme des arcades, qui sont toutes en

---

(1) *Revue archéologique*, t. VII, p. 74.

(2) *Archéologie des monuments religieux de l'ancien Beauvaisis, pendant la métamorphose romane.*

tiers-point ; il en avait conclu que la nef devait appartenir à une période déjà avancée du xiie siècle. Malgré l'autorité de ces archéologues, nous croyons qu'ils se sont mépris tous les deux sur l'âge véritable de cette construction. Sans doute le plan des piles offre une certaine analogie avec celui des piliers des églises de Berneuil-sur-Aisne (Oise), de Vic-sur-Aisne, d'Oulchy-le-Château et de Chivy (Aisne), qui remontent incontestablement au xie siècle ; mais il ne faudrait pas croire que les architectes du xiie siècle n'aient jamais fait usage de piles semblables dans les monuments religieux de la région, quand ils n'étaient pas voûtés. Pour prouver la vérité de cette assertion, il suffit de considérer les piliers de la nef de l'église de Berzy-le-Sec (Aisne). Ils présentent exactement les mêmes dispositions que ceux de l'église de Villers-Saint-Paul, bien qu'ils appartiennent au xiie siècle. Les chapiteaux ont sans doute un caractère archaïque fort prononcé comme ceux du déambulatoire de Morienval ; mais il convient de faire remarquer que leurs reliefs sont très accusés et que les feuillages et les fruits dont ils sont recouverts ne se rencontrent pas sur les chapiteaux des églises du xie siècle précédemment citées. Si le constructeur de la nef de Villers-Saint-Paul a donné aux supports et aux chapiteaux de l'église une forme aussi primitive, c'est qu'il avait très probablement voulu reproduire les piliers qui soutenaient la nef de la première église de Saint-Leu-d'Esserent. Cette nef avait été bâtie vers 1080, peu de temps après la fondation du prieuré, et les deux colonnes engagées, qui en forment les derniers débris (1), nous autorisent à affirmer que ses piliers étaient bâtis sur un plan analogue à celui des piles de Villers-Saint-Paul. C'est également au même endroit que l'architecte de Villers-Saint-Paul alla chercher le modèle des chapiteaux destinés à orner son église, car l'église primitive de Saint-Leu-d'Esserent était un des édifices religieux les plus importants du Beauvaisis, au xie siècle.

Si le caractère archaïque des chapiteaux peut induire en erreur sur leur âge véritable, il n'en est pas de même du style général de la construction, qui va nous permettre de fixer sa date d'une

---

(1) Ces deux colonnes se trouvent dans l'intérieur de la nef, adossées au mur du narthex.

manière suffisamment précise. Nous avons dit que toutes les grandes arcades décrivaient une courbe en tiers-point; or elles ne peuvent appartenir au xie siècle, car si ce genre d'arc était déjà adopté, dès une époque aussi ancienne, dans le Limousin et dans le Périgord, il ne fut jamais employé dans la région voisine des bords de l'Oise, pendant la même période. Toutes les églises du Beauvaisis, bâties au xie siècle, telles que celles de Breuil-le-Vert, de Rhuis, de Cinqueux, de Fay-Saint-Quentin, d'Estrées-Saint-Denis et de Saint-Remy-l'Abbaye, présentent invariablement des arcades en plein-cintre, et cette forme persista même pendant les premières années du xiie siècle, comme le prouvent les travées de l'église de Saint-Etienne de Beauvais. Au contraire, vers l'année 1120, les architectes de la région faisaient un usage courant de l'arc en tiers-point, puisqu'une pièce conservée dans les archives de l'Oise (1) fixe à 1125 la construction de la petite chapelle de Bellefontaine, près d'Attichy, qui renferme des doubleaux en tiers-point. C'est donc au premier quart du xiie siècle que nous croyons devoir attribuer la nef de l'église de Villers-Saint-Paul. Elle est contemporaine des églises de Cambronne, de Chelles (Oise), de Vauxrezis et de Laffaux (Aisne), dont les travées présentent également des arcs brisés et des fenêtres en plein-cintre, comme celles que nous venons de décrire. Notre opinion se trouve du reste confirmée par les détails des corniches et des cordons qui se trouvent à l'extérieur de cette partie de l'église. Leur ornementation ne présente aucune analogie avec celle du xie siècle, qui était presque exclusivement composée de billettes. Quant à la date proposée par M. Woillez, elle est en contradiction évidente avec les caractères archéologiques des monuments religieux de la région, à la fin du xiie siècle, époque où l'architecture gothique atteignait déjà une grande perfection, tandis que la nef de Villers-Saint-Paul est une construction complètement romane.

Le carré du transept, recouvert d'une voûte sur croisée d'ogives, a été rebâti au commencement du xiiie siècle, ainsi que les croisillons, le chœur et le clocher. Il est relié à la nef par un grand arc en tiers-point qui s'appuie de chaque côté sur une colonne et sur une colonnette; ses claveaux sont ornés d'un méplat

---

(1. Cette charte est cotée H. 159.

entre deux boudins. Le croisillon du nord est divisé en deux travées de largeur inégale voûtées par des croisées d'ogives dont les nervures sont revêtues d'une arête et de deux tores. Ses voûtes sont renforcées par des arcs formerets qui reposent sur de minces colonnettes. Il est éclairé par une fenêtre en tiers-point, par une grande baie pourvue d'un meneau central et d'un oculus à six lobes, et par une large fenêtre qui occupe toute la largeur du chevet. Cette baie est divisée par deux meneaux en trois compartiments, et sa partie supérieure est garnie de trois oculus à quatre lobes; au-dessous de son appui se trouvent d'élégantes arcatures en tiers-point, qui se continuent sur les autres faces. Le croisillon du nord présente, ainsi que celui du sud, une disposition très originale. Il est flanqué, du côté de l'orient, de deux chapelles qui communiquent entre elles et qui forment avec le chœur un nouveau transept en avant du premier. Tout le chevet de l'église se trouve ainsi englobé dans un vaste rectangle, fermé par un long mur droit qui est épaulé, de distance en distance, par des contreforts. Les chapelles de ce bras du transept sont surmontées de voûtes sur croisée d'ogives ornées d'un tore aminci. Elles sont encadrées par des doubleaux en tiers-point, garnis de tores, de filets et de doucines. La pile intermédiaire est assez épaisse, car elle est destinée à supporter le clocher qui s'élève à l'angle de ce croisillon. Tous les arcs établis pour soutenir les voûtes des deux chapelles reposent sur des faisceaux de colonnettes engagées dans les murs et couronnées de chapiteaux à crochets. La chapelle placée au-dessous du clocher est séparée du croisillon par des cloisons modernes; elle est éclairée, ainsi que la chapelle voisine, par des fenêtres en tiers-point; l'une de ces baies renferme un petit vitrail du xiiie siècle.

Le croisillon méridional est construit sur le même plan que le précédent. Ses voûtes sur croisées d'ogives s'appuient sur de minces colonnettes, et la pile qui se trouve entre ses deux chapelles se compose de quatre colonnes accouplées, au lieu d'être entourée d'un faisceau de petits fûts comme dans l'autre croisillon. Les fenêtres et les arcatures affectent des dispositions identiques dans les deux bras du transept, mais le bras méridional présente, sur la face occidentale, deux larges fenêtres à meneau central, tandis que le croisillon du nord ne renferme qu'une seule baie de ce genre.

Le chœur, dont le chevet plat se confond avec celui des croisillons, est recouvert d'une voûte sur croisée d'ogives, ornée d'une arête entre deux tores. Il communique avec le transept par un grand arc brisé, et se relie aux chapelles des croisillons par deux arcades en tiers-point garnies de moulures et surmontées de fenêtres assez étroites. On remarque dans le mur du chevet une grande baie à deux meneaux, ainsi qu'une large niche dont l'arc en tiers-point s'appuie sur quatre petites colonnes. Cette disposition, tout à fait exceptionnelle dans les églises du Beauvaisis, se rencontre au contraire assez fréquemment dans les monuments religieux du Soissonnais bâtis au XIIe siècle. Les églises de Cuise (Oise), de Montigny-Lengrain, de Bazoches, de Glennes, de Lhuys et de Nouvion-le-Vineux (Aisne), en présentent des exemples très curieux. La niche du chœur de Villers-Saint-Paul était évidemment destinée à encadrer l'ancien maître-autel de l'église; elle remonte, ainsi que toute l'abside, au premier quart du XIIIe siècle.

La façade peut-être considérée comme un excellent type de l'architecture du XIIe siècle dans la région (1). Elle est occupée, au centre, par un beau portail en plein-cintre qui fait une saillie très prononcée sur le mur. Son archivolte, garnie de quatre rangs de bâtons brisés, d'un tore, d'une frette crénelée et d'un rinceau de feuillages, repose de chaque côté sur un faisceau de dix colonnettes, dont les chapiteaux sont ornés de tiges entrelacées, de feuilles d'eau, de fleurs d'iris et de têtes grimaçantes. Les tailloirs des chapiteaux sont couverts de petits rinceaux et les bases des colonnes sont entourées de deux tores séparés par une gorge. La porte qui donne accès dans l'église est de forme carrée; elle est surmontée d'une plate-bande appareillée d'une manière très curieuse qui supporte un tympan entièrement nu. La grande archivolte du portail est encadrée par un gâble massif orné d'un cordon de feuilles d'acanthes et d'un bas-relief représentant un homme monté sur un lion. Ce genre de couronnement fut très rarement employé au-dessus des portails des églises

---

(1) On trouvera d'excellents dessins de la façade, des chapiteaux et des corniches de l'église dans l'*Archéologie des monuments religieux du Beauvaisis*, de M. le docteur Woillez.

romanes du Beauvaisis, parce que leurs colonnettes sont toujours engagées dans le mur de la façade; mais il fut adopté par la plupart des architectes de la rive gauche de l'Oise, au XIe et au XIIe siècles. C'est ainsi que les portails des églises de Rhuis, de Saint-Vaast-de-Longmont, de Claignes (Oise), de Vic-sur-Aisne, de Berzy-le-Sec et de Courmelles (Aisne), offrent des spécimens d'une semblable disposition. Le portail de Villers-Saint-Paul a servi certainement de modèle à celui de l'église de Catenoy (Oise), avec lequel il présente la plus grande analogie; on peut également le rapprocher du portail de l'église de La Villetertre (1). Au-dessus de la porte que nous venons de décrire s'ouvrent deux fenêtres en cintre brisé et une baie circulaire, entourées d'un cordon d'étoiles. On distingue, à la base du pignon, une série de petits cônes tronqués, couronnés par des dents de scie, et sur les faces latérales deux oculus, ainsi qu'un portail en plein-cintre aujourd'hui bouché. La façade de l'église de Villers-Saint-Paul n'est pas aussi ancienne que la nef et les bas-côtés de l'église. Il est facile de constater, à l'intérieur du vaisseau central, que ses assises ne se raccordent pas exactement avec celles des travées voisines. Le style de son architecture et de son ornementation, ses baies en tiers-point et les sculptures de ses chapiteaux ne permettent pas de la considérer comme une construction antérieure à l'année 1125. Il faut en conclure que cette partie de l'église ne fut pas achevée avant le second quart du XIIe siècle.

L'élévation latérale de l'église est très intéressante à étudier, parce qu'elle se trouve dans un remarquable état de conservation. Les fenêtres des bas-côtés sont encadrées par un cordon d'étoiles et les fenêtres de la nef par une série de pointes de diamant. Les murs extérieurs des collatéraux sont épaulés par des contreforts surmontés de deux colonnettes, comme ceux des églises de Saint-Étienne de Beauvais et de Bailleval (Oise). Mais ce qui mérite surtout d'attirer l'attention, ce sont les corniches placées à la partie supérieure des murs. Celle des collatéraux se compose de petites arcades cintrées, subdivisées par des arcatures intermédiaires, comme les corniches des églises de Breteuil, de Bury, de Cambronne, de Gauffry et de Saint-Étienne de

---

(1) Oise, arr. de Beauvais, cant. de Chaumont-en-Vexin.

Beauvais (Oise); celle de la nef, soutenue par des modillons à têtes grimaçantes, est formée d'une série de types très variés, tels que des rinceaux, des figures taillées très grossièrement et des animaux fantastiques. Les ouvriers qui ont sculpté cette curieuse corniche ont donné libre carrière à leur imagination pour inventer des motifs plus bizarres les uns que les autres.

Les croisillons et le chœur présentent au dehors de larges baies en tiers-point, divisées par des meneaux et surmontées d'oculus. Une corniche, formée d'une rangée de crochets et d'un cordon de pointes de diamant, se déroule à la base du toit sur la face occidentale du transept. Le chevet du chœur se termine par un mur droit, et la niche déjà signalée fait à l'extérieur une saillie assez accentuée. Elle est couronnée par un gâble massif comme celles de toutes les églises du Soissonnais. Les contreforts qui se trouvent autour de l'abside et des croisillons se font remarquer par leur épaisseur et leur nombreux glacis.

Le clocher, bâti sur l'angle nord-est du croisillon septentrional, ne doit pas être attribué à la fin du XIIe siècle, comme l'a cru M. Woillez (1), mais bien au premier quart du XIIIe siècle, car il a été certainement construit en même temps que tout le chevet de l'église. Epaulée à chaque angle par deux puissants contreforts, cette tour renferme deux étages de hauteur inégale. A sa base se trouve un curieux petit passage qui traverse les contreforts sans diminuer leur résistance, grâce aux arcs de décharge habilement appareillés au-dessus de tous les linteaux. Le premier étage, auquel on accède au moyen d'une tourelle d'escalier polygonale, est percé sur chaque face d'une baie en tiers-point encadrée par quatre colonnettes, deux tores et un cordon de pointes de diamant. Le second est occupé par de hautes baies géminées, dont l'archivolte, revêtue de boudins et de pointes de diamant, s'appuie sur de minces colonnettes engagées dans des retraits; une tourelle ronde, qui renferme l'escalier, est adossée à l'angle sud-ouest du clocher. La tour se termine par une corniche ornée de crochets et par un toit en bâtière, qui est flanqué de quatre clochetons à six pans garnis d'écailles. Cette disposition, tout à fait exceptionnelle dans les clochers terminés en

---

1) *Répertoire archéologique du département de l'Oise*, col. 171.

bâtière, semble avoir été inspirée par les petites pyramides qui accompagnent les hautes flèches en pierre élevées sur les bords de l'Oise au xiie siècle. Le clocher de Villers-Saint-Paul est une construction très originale qui mérite d'attirer l'attention des architectes; c'est un excellent type de tour latérale pour une église de village bâtie dans le style du xiiie siècle.

L'église de Villers-Saint-Paul ne renferme pas moins de douze pierres tombales dont nous avons pu relever les inscriptions. La plus ancienne remonte au commencement du xive siècle. On y voit une femme debout, les mains jointes, la tête recouverte d'une cape fixée à sa robe. Elle est placée sous une arcature trilobée surmontée d'un gâble dont la rosace est conçue dans le style rayonnant. Les côtés de la dalle sont occupés par de petites figures de clercs, qui tiennent les objets en usage dans un enterrement. L'inscription gravée sur les bords de la pierre, en lettres gothiques, est très endommagée; nous n'avons pu en déchiffrer que les mots suivants :

Cy gist *......... fille de honorable homme conseiller du roy nre sire et feme de luy vivant bourgeois de Paris * qui trespassa au mois de mars l'an mil ccc un. priez Dieu pour son âme

Une autre dalle du même style, qui se trouve sous le clocher, est encore plus difficile à identifier, parce que son inscription contient des lacunes importantes. Elle représente une femme avec un costume analogue à celui que nous avons décrit.

Cy gist......... pierre brunel et marie......... le xi jour du mois de décembre mccclxvii.............................
....
....

La troisième tombe, qui fait le pendant de la première, ne peut pas être datée aussi exactement que les précédentes, car les derniers mots de son inscription gothique sont indéchiffrables. Mais le style de son encadrement et le costume de la figure de femme, qu'elle renferme, permettent de l'attribuer avec beaucoup de certitude au xive siècle. Elle offre, du reste, la plus grande analogie avec les dalles dont nous venons de parler. Son inscription est ainsi conçue :

....
..... jaqueline fille de feu mr pierre brunel
fondeur de ceste chappelle et jadis feme de
deffunct renault de lourme pierre le......... et
jehan colart la quelle trespassa...........

Les membres de la famille Brunel paraissent avoir rempli des fonctions importantes au xiv° et au xv° siècle; l'un d'eux, dont nous reproduirons l'épitaphe plus loin, fut trésorier du duc d'Orléans. Guillaume Brunel, qui était sans doute un proche parent de Pierre Brunel, s'était fait représenter avec sa femme dans un groupe en haut relief, aujourd'hui placé au milieu d'une arcature du croisillon méridional. Ce groupe renferme un troisième personnage; malheureusement les têtes des trois figures ont disparu, mais on ne peut s'empêcher d'admirer l'élégance des plis formés par la robe de chacune des statuettes. Sur la console qui les supporte est gravée l'inscription suivante, du xiv° siècle :

guille brunel et jaqueline sa feme

Il est également impossible de déterminer, d'une manière précise, la date d'une pierre tombale qui se trouve dans le croisillon nord du transept. On y voit figuré un personnage sous une arcature trilobée, vêtu d'un long manteau à capuchon et foulant à ses pieds un levrier. Néanmoins, comme l'inscription en bordure de la dalle est gravée en lettres onciales, nous croyons devoir la faire remonter à la fin du xiii° ou au commencement du xiv° siècle.

....
.... de jhsus
.... se is jour prious
pour s'ame de si que dieu........

La tombe de Pierre Brunel et de sa femme, que l'ordre chronologique nous amène à décrire, est placée sous le clocher. Elle doit être attribuée au xv° siècle, puisqu'on distingue très nettement quatre c sur la pierre, mais comme le style du gâble, de l'arcature et des clochetons dont elle est ornée, offre encore beaucoup de rapports avec celui du xiv° siècle, il faut la considérer comme antérieure à 1420. L'épitaphe du personnage qu'elle recouvrait autrefois nous apprend qu'il avait été trésorier et secrétaire argentier du duc d'Orléans, frère cadet de Charles VI, assassiné à Paris, par ordre de Jean sans Peur, en 1407. Voici en quels termes elle est conçue :

> ....
> pierre brunel et marie sa femme qui fut trésorier
> de mons le duc d'orléans et puis secrétaire argentier
> ....
> .... mil cccc ....

La pierre tombale suivante est du xvie siècle; elle est incrustée dans le pavé de la nef. Le personnage qu'elle représentait est complètement effacé, et l'inscription en lettres gothiques, dont elle était accompagnée, est détruite en partie. La seule ligne encore lisible renferme ces mots :

> ...... mil v^c xx au mois de janvier priés dieu pour.

Les inscriptions qu'il nous reste à reproduire sont du xviie et du xviiie siècle. L'une d'elles, placée dans le croisillon nord du transept, est en bordure d'une grande dalle qui renferme deux personnages encadrés par des arcatures et des rinceaux. Le premier, vêtu d'un grand manteau et chaussé de souliers à boucles, se nommait Pierre Mahieu, receveur de la baronnie de Villers-Saint-Paul ; le second est Jeanne Taupin, sa femme. Elle porte une longue robe et une coiffe plate.

> .... DEFFVNCTS HONESTES PERSOÑES PIERRE MAHIEV JADIS RECEPVE^R DE LA BARONNIE DE VILLERS S^T POL ET JEHANNE TAVPIN SA* FEMME LAQVELLE APRES AVOIR ESTE QVARENTE SEPT ANS MOINS SIX SEPMAINES ENSEMBLE* SONT DECEDDEZ ASSCAVOIR LEDICT MAHIEV LE .... IOVR DE .... ET LADICTE TAVPIN LE PREMIER IOVR D'AOVST 1633. PRIEZ DIEV POVR LEVRS AMES

Les mêmes personnages sont encore représentés aux pieds d'un Christ en croix sur une pierre qui mentionne deux obits fondés par eux dans les églises de Villers-Saint-Paul et de Verneuil-sur-Oise.

PIERRE MAHIEV IADIS RECEVEᴿ DE VILLERS Sᵀ PAOVL DEMᵀ A FONDE A
PERPETVITE ES EGLISE DE VILLERS Sᵀ PAOVL ET VERNEVL SUR OIZE
DEVX OBIITZ SOLEMPNELZ TANT POR LUY QUE FEVE IEHANNE TAVPIN
SA FEM̄E L'VN DESQVELZ OBIT SERA DIT CHANTE ET CELEBRE LE P̄MIER
IOUR D'AOVST EN L'EGLISE DVDIT VILLERS ET LE SECOND EN LEGLE DVD̄
VERNEVL LE LENDEMAIN SECOND IOᴿ D'AOVST POᴿ ESTRE P̄TICIPP̄AT AVX
PRIERES QVI SE FONT ORDINAIREM̄ET ES L'EGLISES ET SERA DIT CHACHVN
DESD̄ OBITZ VIGILLE ET RECOMMANDACES AVEC VNE MESSE HAVLTE LE
LIBERA EN FIN D'ICELLE ET ASPERGES L'EAV BENISTE ET SERA PAIE P̄
LES MARGVILL̄ DESD̄ EGLISES AVX CURE OU VICAIRE QVI FERONT
LE SERVICE A CHACVN SEIZE SOLZ T̄Z ET QVATRE SOLZ AV MAGIS
TER QVI ASSISTERONT SELON QVIL EST PORTE PAR LAD̄ FONDATION
FAICTE PAR LE D̄ PIERRE MAHIEV D DEVANT PHILIPPES LEFEVRE NOT̄E
ROYAL A CREIL LE SEPTIESME NOVEMBRE 1635 POVR LAQVELLE
FONDAŌN LED̄ PIERRE MAHIEV A DONE AVSD̄ DEVX EGLISES LA SŌE
DE SEPT LIVRES T̄Z DE RENTE PP̄RIETAIRE CHACVNE PAR MOICTIE A
PRENDRE CH̄VN AN AV IOᴿ Sᵀ MARTIN D'HIVER SVR MAXIMILIEN MAGNAN
ET MARGVERITTE CHARPENTIER SA FEM̄E DEM̄TS A VERNEVL SUR OIZE
A CAVSE D'VNE PIECE DE PRE SEANT AVDIT VERNEVL LIEVD̄ LES PRE APPERT
CONTEN̄AT TROIS QVARTIERS TEN̄AT D'VN COSTE A LOYS SALLENTIN
D'AVL A IEHAN TIRLET D'VN BOVT A MONSEIGNEVR DE METZ ET D'AVL
A LA FERME DE HVMON SELON QVE PLVS AV LONG EST PORTÉ PAR LE
BAIL ACCORDE DE CE FAICT ET PASSE PAR DEV̄AT LEDICT LEFEVRE NOT̄E
LE IIII IOVR DVDICT MOIS DE NOVEMBRE AVDICT AN MIL SIX CENS
TRENTE CINQ *Priez Dieu pour leurs âmes.*

Au milieu de la nef se trouve une belle pierre tombale à deux personnages, datée de 1651. Il est regrettable qu'elle ne soit pas, comme les précédentes, relevée contre les murs de l'église. On y voit représentés un laboureur nommé Gallerand Vuibert et sa femme, Jeanne Mahieu, vêtus des mêmes costumes que ceux de Pierre Mahieu et de Jeanne Taupin, dont nous avons déjà décrit la tombe.

CY GISENT LES CORPS D'HONNESTES PERSONNES GALLERAND
VVIBERT LABOVREVR * DEMEVRANT A VILLERS Sᵀ PAUL DECEDE *
LE XIIᴹᴱ FEBᴱᴿ 1651 ET IEANNE MAHIEV SA FM̄E DECEDDEE LE
.... * PRIEZ DIEV POVR LEVRS AMES

Gallerand Vuibert et Jeanne Mahieu avaient également fondé deux obits dans l'église de Villers-Saint-Paul, comme nous l'apprend l'inscription suivante :

CY DEVANT GISENT LES CORPS D'HONESTES PSONNES GALLERAND
VVIBERT LABOVREUR DEM^T A VILLERS S^T PAVL ET IEANE MAHIEU
SA FME DECEDDEZ SCAVOIR LED VVIBERT LE XIIME FEB^ER 1651
ET LAD MAHIEV LE........................... (1)
ET ONT FONDE A PERPETVITE EN L'EGLE DE CEAS DEUX OBIITZ
SOLEMNELZ L'VN A PAREIL IOVR DV DECEDZ DVDICT VVIBERT
ET L'AVTRE LE LENDEMAIN EN SVIVANT AVEC VIGILLE ET RECOM
MANDACE DEVX MESSES HAVTE LE LIBERA DESSVS LEVR FOSSE
ET EN FIN D'ICELLES ASPERGES D'EAV BENISTE ET SERA PAYE
PAR CHARLES VVIBERT OU SES HERS AV CVRE OV VICAIRE QVI CELE
BRERONT LESDICTZ SERVICES QVARANTE SOLZ DIX SOLX AV
MAGISTER ET DIX SOLZ POVR LES ORNEMENS ET LVMINAIRE DE
LADICTE EGLISE SELON QVIL EST PORTE PAR LA FODATIO FAICT
PAR LEDICT GALLERAND VVIBERT EN PRESENCE DV SIEVR CVRE
PAR SON TESTAMENT ET DERNIERE VOLONTE LE ONZIESME
MARS 1651 A PRENDRE SVR VNE PIECE DE TERRE CONTENAT
VN QVARTIER SIZE ENTRE DEVX VILLERS TENAT D'VN COSTE
A CHARLES VVIBERT D'AVTRE A ADRIEN FESSART D'AVTRE
AVX TERRES DE LA CHAPPELLE SAINCTE ANNE VNE AVTRE
PIECE DE TERRE CONTENANT DOVZE VERGES LIEVDICT LE
MORIER TENANT D'VN COSTE A LA VEVFVE NICOLAS DE ROL
LEPOT D'AVTRE A TOVSSAINCT DV BOIS AINSY QVIL EST PLVS
AMPLEMENT PORTE PAR LADICTE FONDATION.

Priez Dieu pour leurs âmes.

Une petite plaque de marbre noir, surmontée d'un écu qui est orné d'un lion passant, tenu par deux autres lions, indique la sépulture d'Antoine Aubert, seigneur des Marquest, et de sa femme.

CY GISENT ANTHOINE
AVBERT SEIGNEVR DES
MARQVEST PATRON DE
CETTE CHAPPELLE
DECEDDE LE 31 IVLLET
1661 AAGE DE 61 ANS
ET DE MARIE DVBVD SA

---

(1) Cette date, de même que celle de la tombe précédente, avait été laissée en blanc et n'a jamais été gravée.

FEMME AAGÉE DE 53 ANS
PARAVANT DECEDDÉE
LE NEVF DVDIT MOIS
ET AN

*Priez Dieu pour le
repos de leurs âmes.*

L'inscription suivante, que nous mentionnons en dernier lieu, parce qu'elle est la moins ancienne de toutes celles de l'église, porte la date de 1741. Elle était destinée à rappeler que Jacques Legente, receveur de la baronnie de Villers-Saint-Paul, et Catherine de Lille, sa femme, avaient fondé des messes et légué 40 livres de rente à l'église pour les services qui devaient être célébrés chaque année à leur intention.

I. H. S.
D. O M.
IACQUES LE GENTE RECEVEUR DE
FERMIER DE VILLERS St PAUL ET
CATHERINE DE LILLE SA FEMME
ONT FONDE EN CETTE EGLISE A
PERPETUITE UN SALUT DU St SACREM^t
AVEC EXPOSITION TOUS LES PREMIERS
DIMANCHES DES MOIS DE L'ANNEE AVEC
LA PROCESSION EN DEDANS DE L'EGLISE A
L'ISSUE DES COMPLIES A AUSSY FONDE UNE
MESSE DU St SACREM^t TOUS LES PREMIERS
IEUDYS DE CHAQUE MOIS PLUS A AUSSY FONDE
UNE MESSE BASSE DE LA VIERGE TOUS LES
SAMEDIS DE LA TROIS^{me} SEMAINE DE CHACUN
MOIS PENDANT LE VIVT^t DUD TESTA^s ET
APRES LEU^r DECES LES DIT MESSES SERONT
DITTES DES TREPASSES
PLUS UN OBIT SOLEMNEL APRES SA MORT A PAREIL
IOUR DE SON DECES SI FAIRE SE PEUT SINON LE
LE PLUS PROCHAIN D'APRES ET D'AUTENT QUE
LED TESTAT^s ENTENT QUE TOUTES LESD
FONDATIONS SOIENT AQUITTEES DE SON
VIVANT ET INCESSAMENT
ET POUR L'AQUIT DESQU^{es} FONDATIONS
A LEGUE A CETTE EGLISE ET FABRIQ^{ue} LA
SOMME DE QUARANTE LIVRES DE RENTE

A PRENDRE SUR PIERRE MARTIN FONTAINE
RECEVEUR DE LA BRIERE ET MARIE
FRANCOISE FORET SA FEMME LE TOUT
PLUS AU LONG EXPLIQUE PAR LE CONTRACT
PASSÉ DEV^T ROGE ET LANIE NOT^{RES} A PONT LE
11 MARS 1730 LE TOUT PASSÉ DEV^T FOURIER
NOT^{RE} A RIEUX LE 17 IANVIER 1730
LED$^{\overline{D}}$ LEGENTE EST DECEDÉ LE 16 SEPTEMBRE
1738 AGE DE 43 ANS ET LA$\overline{D}$ CATHERINE DE
LILLE DECEDEE LE VINGT DEUX MARS 1741
AGÉE DE 68 ANS. REQUIESCANT IN PACE

Enfin, il convient de transcrire également les inscriptions des cloches, qui ont été fondues en 1838. Voici ce qu'on lit sur la première :

EN 1838 J'AI ETE BENITE PAR M^R L'ABBÉ LAFLEUR
CURE DE VILLERS S^T PAUL NOMMEE MARIE NICOLE
PAR M. MAURICE ETIENNE COMTE * GERARD MARECHAL
ET PAIR DE FRANCE GRAND CHANCELIER DE LA GRANDE
CROIX DE L'ORDRE ROYAL DE LA LEGION * D'HONNEUR AGE
DE 65 ANS ET DAME LOUISE ROSA EDME BIMBRONE THIEMBRON
MARECHAL COMTESSE GERARD NE LE 16 OCTOBRE 1789 * EN
PRESENCE DE MR JACOB MAIRE DE VILLERS MR CAUDELET ADJOINT
M. LECLER CAPITAINE DE LA GARDE NATIONALE M^{RS} LES
MEMBRES DU CONSEIL MUNICIPAL
   HILDEBRAND FONDEUR A PARIS

La seconde cloche, qui s'appelle *Félicité*, et la troisième, nommée *Louise*, portent une inscription identique à celle de la précédente.

En résumé, l'église de Villers-Saint-Paul est un édifice très original. Les chapiteaux de sa nef, l'archivolte de son portail, les sculptures de ses corniches, le plan particulier de son chevet, l'élégance de son clocher et le grand nombre de ses pierres tombales lui donnent une véritable valeur archéologique. Si nous ajoutons qu'elle n'a subi aucune restauration malencontreuse, on comprendra tout l'intérêt qu'elle présente au point de vue architectural. C'est certainement l'une des églises rurales les plus curieuses de la vallée de l'Oise.

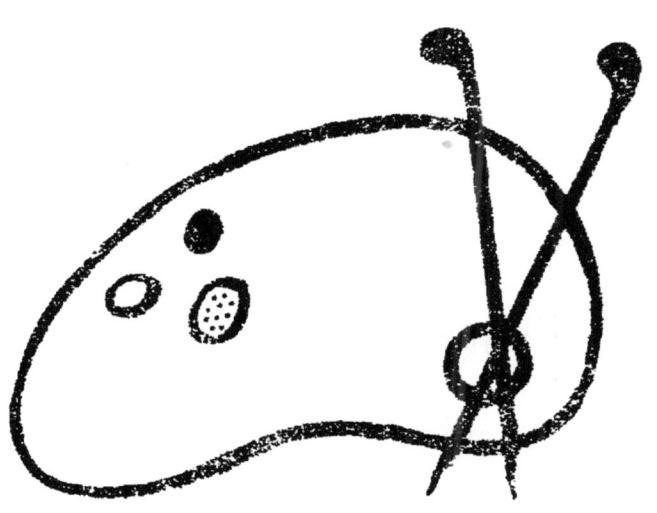

Original en couleur
NF Z 43-120-8

www.ingramcontent.com/pod-product-compliance
Lightning Source LLC
Chambersburg PA
CBHW060859050426
42453CB00011B/2032